Benjamin Fish Austin

# Cómo ganar **Dinero**

editorial Sirio, s.a.

Si este libro le ha interesado y desea que lo mantengamos informado de nuestras publicaciones, escríbanos indicándonos cuáles son los temas de su interés (Astrología, Autoayuda, Esoterismo, Qigong, Naturismo, Espiritualidad, Terapias Energéticas, Psicología práctica, Tradición...) y gustosamente lo complaceremos.

Puede contactar con nosotros en
comunicación@editorialsirio.com

Título original: How To Make Money
Traducido del inglés por Miguel Portillo
Diseño de portada: Editorial Sirio, S.A.
Ilustración de portada: © Dawn Hudson - Fotolia.com

© de la presente edición

| **EDITORIAL SIRIO, S.A.** | **EDITORIAL SIRIO** | **ED. SIRIO ARGENTINA** |
|---|---|---|
| C/ Rosa de los Vientos, 64 | Nirvana Libros S.A. de C.V. | C/ Paracas 59 |
| Pol. Ind. El Viso | Camino a Minas, 501 | 1275- Capital Federal |
| 29006-Málaga | Bodega nº 8, | Buenos Aires |
| España | Col. Lomas de Becerra | (Argentina) |
| | Del.: Alvaro Obregón | |
| | México D.F., 01280 | |

www.editorialsirio.com
E-Mail: sirio@editorialsirio.com

I.S.B.N.: 978-84-7808-774-7
Depósito Legal: MA-52-2011

Impreso en Imagraf

*Printed in Spain*

El *New Thought* —Nuevo Pensamiento— es una corriente filosófica que surgió en Estados Unidos hace unos ciento cincuenta años, impulsada por grandes pensadores como Emerson, Trine, Allen y Atkinson, entre otros. Rápidamente fue tomando cada vez más fuerza, mejorando la vida de muchas personas al elevar su nivel de conciencia y llegando, durante todo el siglo XX, a surgir grandes escritores. No es una religión —aunque de él emanaron algunas instituciones religiosas—, sino más bien una filosofía que proclama la necesidad de que tengamos una experiencia directa del Creador, sin intermediarios. Su mensaje central es que nuestro pensamiento da origen a nuestras experiencias y a nuestra visión del mundo; por ello concede mucha importancia a una actitud mental positiva, a la meditación y a la visualización. En la colección *New Thought* estamos editando obras poco conocidas de este movimiento filosófico-espiritual, cuya influencia en nuestros días sigue siendo enorme.

# PROPÓSITO DE LAS LECCIONES

El objetivo de estas lecciones es elevar las vibraciones mentales y espirituales del estudiante –inspirar esperanza, fe y valor– con el fin de despertarle un pensamiento más amplio, inspirarle planes y propósitos mayores y despertar la energía aletargada de su vida: avivar el entusiasmo y activar el talento oculto que, posiblemente, el estudiante no sueña llegar a poseer en su presente estadio de desarrollo.

En pocas palabras, mi objetivo es despertar a los hombres del sopor mental, mostrar los recursos ilimitados de la naturaleza humana, las ocultas pero abiertas puertas a la riqueza mental en primer lugar, y a continuación, como una consecuencia natural, la riqueza material, y de este modo ampliar y ennoblecer la vida así como aumentar sus expresiones mundanas.

El objetivo del verdadero maestro –que es también el verdadero médico– debe ser siempre la «vida más abundante» que el Nazareno predicó y enseñó. Revelar la vida, la vida abundante, en toda su plenitud y belleza, y señalar las leyes mediante las cuales se logra esa vida, con la riqueza como consecuencia natural, es el propósito de las tres lecciones que nos disponemos a abordar.

## Resultados previstos
## a partir de estas tres lecciones

Las predicciones basadas en la observación y la experiencia, en el conocimiento y la ley natural son sumamente instructivas y valiosas. Con la mayor confianza predigo que todo estudiante de estas lecciones dispondrá, tras su lectura –y en especial después de volver a leerlo y estudiarlo–, de una mayor cantidad de información relativa al **éxito en la vida**, esperanzas más brillantes, un mayor entusiasmo, más «empuje», «firmeza» y «coraje» en los negocios, que afrontará su vida laboral con una pericia tan reforzada y una energía de tal intensidad que a partir de ese momento su existencia tendrá más exito en todos los sentidos y adquirirá una libertad más vasta, una mayor felicidad y energía, y sobrados recursos financieros.

En otras palabras, nadie puede aplicar las enseñanzas de estas lecciones sin que su vida se amplíe, se ennoblezca y purifique, y sin que se solace en la posesión de riqueza mental y material. Y la vida que reciba y aplique estas enseñanzas será como una corriente fertilizadora en el desierto: lo hará brotar y florecer como a la rosa.

## Las razones de esta predicción

Realizo esta predicción con absoluta confianza, pues no os daré teorías, surgidas de la imaginación del poeta, del novelista o del filósofo soñador en el aislamiento de su estudio, ni de un escritor de poca monta a quien le pagan sus teorías a tanto por página, sino **los resultados reales de la experiencia humana y un estudio de las leyes de la naturaleza y especialmente de las leyes del beneficio financiero**. Os brindaré «el núcleo» de las mejores enseñanzas de un buen número de nuestros psicólogos más reconocidos y escritores del Nuevo Pensamiento en forma concentrada. Y os ofreceré el testimonio personal de quienes se han alzado desde la pobreza a la riqueza por medio del descubrimiento de las leyes del éxito financiero y su aplicación en la vida. Los principios que aquí os expongo han sido comprobados una y otra vez en el laboratorio de la experiencia vital, y han resultado ser correctos y factibles.

Además, yo mismo los he probado e ilustro estos principios y demuestro su valor en mi propia vida.

Otra razón por la que confiadamente auguro éxito a los estudiantes de este curso es el hecho de que las enseñanzas son racionales, acordes con la vida y la experiencia humana, y basadas en leyes que ahora conocemos y admitimos como los principios que gobiernan la acumulación de riqueza. Aquí no hay nada de encanto místico ni milagroso, nada del orden de una «barata panacea». Mi método es, sencillamente, la razón ampliada y puesta en funcionamiento, la energía que se despierta y se utiliza, leyes descubiertas y seguidas con el único resultado inevitable: una personalidad mejorada y ennoblecida, así como riqueza mental y material.

## Para ganar dinero no se requiere un don especial

El camino a la riqueza está abierto a toda persona de cuerpo y mente sanos que estudie y aplique estas leyes. El hecho de que las grandes riquezas pertenezcan a unos pocos y que algunos tropiecen con la fortuna mientras otros la buscan en vano toda una vida –generalmente sin conocimiento de la ley o su aplicación– lleva a algunos a suponer que para capacitarnos a fin de lograr la riqueza es necesario un don especial de la naturaleza. Sin embargo, unos pocos hombres sin conocimiento teórico de la ley la han aplicado a sus propias vidas, y es incuestionable que hay quien parece acceder a la riqueza por «azar» o por «suerte»; pero, en realidad, el azar no existe en un universo regido por la ley, y la inmensa mayoría de los hombres que han alcanzado la riqueza conocían esa ley y la aplicaron a sus propias vidas mediante su propia mentalidad, por las enseñanzas de otros o gracias a la inspiración.

Todo individuo de mente y cuerpo sanos, repito, puede convertirse en dueño de las condiciones de su vida, en lugar de ser esclavizado por estas, como ocurre con la mayoría. Hay un sendero que lleva de la pobreza a la riqueza, de la oscuridad a la fama, de la debilidad a la fuerza, de las serviles e ínfimas condiciones mentales y vitales, a la dignidad de mente y a la fortuna. La puerta de la oportunidad está abierta, o, al menos, no está cerrada con llave.

## La naturaleza suministra abundancia para todos

Otra consideración que merece nuestra atención es el hecho de que el plan evidente de Dios tal como se revela en la naturaleza es la abundancia para todos. La pobreza no forma parte del plan de la naturaleza, sino todo lo contrario: ésta previó abundancia para todos. El suministro para las carestías del hombre cubre no sólo sus necesidades; la sobreabundancia es la ley de la generosidad de la naturaleza. Situar la enfermedad, la pobreza y el sufrimiento en el designio de Dios formaba parte de la Antigua Teología, hoy en día prácticamente desaparecida y desbancada por la Nueva Teología, que ubica todos estos males en la ignorancia y en el incumplimiento de la ley.

Como hijos de Dios, heredamos no sólo el derecho a la vida, sino también a todo cuanto hace que merezca la pena vivirla. Pero toda vida está «coartada, encerrada, limitada» por la pobreza. De hecho, la libertad, el poder, la felicidad, la educación, la cultura, los viajes, los libros, el arte, la música, el recreo –las cosas que hacen que la vida merezca la pena– son realmente imposibles sin riqueza.

La pobreza no sólo nos escamotea la plena y feliz expresión de la vida, sino que la asistencia del hombre a sus semejantes se ve limitada por ella. Hombres que en su mente poseen grandes verdades que podrían instruir e inspirar a la humanidad, o elevados planes para reformar nuestro deplorable sistema social y económico, grandes objetivos de caridad hacia los necesitados, o también amplias reformas que querrían realizar, se ven obstaculizados en su noble trabajo por «falta de fondos».

El mundo –es triste expresarlo– valora al hombre no tanto por su conocimiento o su personalidad como por el tamaño de su cuenta corriente. Recientemente un conferenciante dijo en mi presencia –y fue aplaudido por sus palabras– que no respetaba al hombre que no poseyera una buena cuenta corriente.

Por duro que pueda parecer, mostraré que hay en ello cierta medida de justicia al señalar que la **pobreza es esencialmente una enfermedad mental**, y que desde el punto de vista de la propia personalidad –en esta era de doradas oportunidades– para un hombre no es un orgullo ser pobre.

## Nuestros deseos son predicciones y muestran la posibilidad de la riqueza

Todos los estudiantes de la naturaleza reconocen que la posesión de un deseo en el interior del alma, un deseo por un bien real o supuesto, es una predicción natural que demuestra que en algún lugar de la naturaleza existe una fuente para satisfacer ese deseo. Así pues, si mi estudiante cree en un Dios personal como diseñador de todas las cosas, ¿acaso concluirá que Dios ha pretendido burlarse de nosotros permitiendo deseos imposibles de cumplir? De ser así, como acertadamente declara Helen Wilmans, estos deseos implantados en nuestro interior son simplemente «pagarés de un banco que ha quebrado».

De nuevo, si estos deseos de riqueza no son verdaderas predicciones, el hombre está destinado, a medida que emerge de la barbarie a la civilización, a una creciente miseria y sufrimiento, ya que los deseos se **multiplican** e **intensifican** a medida que el hombre avanza a lo largo del ascendente camino de la evolución. Por lo tanto, todos los estudios de la naturaleza y del alma humana tienden a convencernos de que la vida del hombre debería disfrutar de la abundancia de bienes temporales; en otras palabras, que el hombre tendría que gobernar sus condiciones en lugar de dejarse subyugar por ellas. Aún voy más lejos y sin vacilar afirmo que es así.

## El deber de cada hombre de ganar todo el dinero que pueda honradamente

A primera vista podría parecer que los herederos de grandes fortunas –al no tener la necesidad de más dinero y no gustarles los negocios o el trabajo– están excusados a la hora de ganar dinero. No es así, sin embargo. Todo aquel que disfruta de las ventajas de nuestra maravillosa civilización, que toma el alimento que un campesino ha cultivado, que viste las prendas que un trabajador ha confeccionado, que disfruta de la protección que generosamente se concede a todos, tiene una deuda personal con el mundo. Pese a su nutrida cuenta corriente y sus extensas propiedades, no es más que un refinado «indigente» si de algún modo no contribuye a la riqueza del mundo.

Y ningún hombre tiene la riqueza suficiente para hacer frente no sólo a sus propias necesidades, sino para atender plenamente las demandas de un mundo presa de la enfermedad, el sufrimiento y el dolor, y para idear y llevar a cabo las grandes reformas vitales de esta época.

Todo individuo debería exigirse a sí mismo, a la sociedad y a su Dios, abundancia de bienes temporales. La corriente de abundancia debería afluir en un volumen creciente a su propia vida, y la corriente de generosidad tendría que brotar igualmente de su corazón y de su vida, para satisfacer las necesidades más elevadas de la humanidad: «Recibe generosamente; da generosamente». La vida ideal es aquella a la que se le garantizan unos regios y abundantes ingresos, y un hombre en la realeza y generosidad de su naturaleza debería ser tan dadivoso como un rey.

Ninguna vida puede alcanzar su cota máxima de goce, poder y utilidad sin riqueza.

# ¿Existe un gran peligro en la adquisición de riqueza?

Indudablemente, pero hay mayores peligros en la falta de riqueza. El principal peligro de adquirir dinero y poseerlo es convertirse en su esclavo. Ésta es una de las más viles formas de esclavitud y, quizá, ninguna otra forma de idolatría paraliza tanto las virtudes más elevadas y divinas de la humanidad como la avaricia. El avaro es el más despreciable de todos los personajes e ilustra la verdad del viejo proverbio: «El dinero es un buen sirviente pero un amo severo». Ninguna otra personalidad exhibe una locura tan irracional y parece merecer, de pleno derecho, el reproche de «idiota». La protección en la adquisición de riqueza es el cultivo constante, incansable, de la solidaridad humana y el ejercicio de la benevolencia. Sin esto, la adquisición de bienes comporta generalmente un bloqueo de la naturaleza moral y un creciente apego al dinero por un propósito puramente egoísta, o por el dinero en sí mismo, lo que lleva a la avaricia y a la lamentable condición del tacaño.

Es muy fácil comprobar cómo la rígida economía que muchos se sienten llamados a ejercer al alzarse de la pobreza a la riqueza, y el constante hábito mental de tender al deseo y actuar por el provecho material, sufren al cabo de unos años una transformación de la personalidad, de modo que hombres que se propusieron la ambición de adquirir una fortuna en beneficio de la humanidad descubren que al obtenerla han perdido todo deseo benevolente. Ésta es una calamidad incalificable para muchos hombres que han sido esclavizados no por el dinero, sino por el amor al dinero, y pierden la fabulosa oportunidad de una vida dotada con la posesión de dinero, el privilegio de utilizar la fortuna para enriquecerse a sí mismos y a sus semejantes con ese ampliado conocimiento, felicidad y virtud que constituye la riqueza eterna del alma.

Es mil veces mejor que un hombre viva y muera bajo las desventajas, limitaciones y privaciones de la pobreza, y que conserve en su corazón el espíritu de hermandad y humanidad, a que adquiera la riqueza de un Creso y encoja su alma hasta la mezquindad, insignificancia y desdicha del avaro.

Una prueba excelente de nuestra actitud espiritual respecto al dinero, una razonable indicación de cómo utilizaríamos una gran fortuna si ésta llegara a nuestras manos, puede encontrarse respondiendo seriamente a las preguntas: ¿cómo utilizamos la riqueza de que disponemos en el presente? ¿En qué medida hemos contribuido a objetivos puramente generosos en el último año?

Un hombre debería admitir siempre su dignidad y exigir una retribución generosa por parte del mundo, y a él le compete procurar que se eliminen todos los obstáculos que en sí mismo y en su entorno entorpecen el abundante flujo de la gran corriente de opulencia de la naturaleza hacia sí mismo. Entonces deberá vivir como un rey, y ser generoso como un rey, con sus conciudadanos.

## Pretendo intensificar tu deseo de riqueza

En lugar de alentar la resignación ante la pobreza, predico el Evangelio del Descontento. Estimularé tu deseo de riqueza e intensificaré tu amor no por el dinero, sino por las cosas buenas de la vida que éste representa. Negar las grandes ventajas del dinero, por un lado, o el derecho y el deber de todo hombre a poseerlo y utilizarlo en la medida en que es consistente con el honor y la justicia constituye una tergiversación de la vida y de toda verdadera religión. Los deseos inherentes al hombre, las exigencias del mundo actual en nuestra compleja civilización, la Ley de la Opulencia que contemplamos por doquier en la naturaleza demuestran que los hombres deben conquistar las condiciones que se dan para obtener riqueza.

Lección I

# CAMBIAR EL PROPIO YO

Nuestra primera lección es introductoria y tiene como propósito que el estudiante aprenda el punto de vista adecuado sobre la materia, de modo que pueda ver claramente la relación existente entre personalidad y logros vitales, y despejar el terreno para las reglas e instrucciones prácticas subsiguientes.

Así pues, nuestra primera regla, y una de las más importantes de todas, es ésta:

CAMBIA TU PROPIO SER

El estudiante de estas lecciones probablemente interpondrá la siguiente objeción: esperábamos instrucciones prácticas sobre cómo ganar dinero, pero nuestro profesor nos brinda instrucciones teóricas relativas a la construcción de la personalidad. Esto es así por la sencilla razón de que ganar dinero, conservarlo e invertirlo adecuadamente dependen de la personalidad. A un estudiante no podría ofrecérsele nada más directamente relacionado con los intereses materiales que la configuración de una personalidad fuerte, progresista, audaz y resuelta. El verdadero éxito en la vida, en todos los aspectos del esfuerzo humano, dependen de ello. Los hombres conquistan las condiciones materiales conquistándose a sí mismos en primer lugar; llegan a ser ricos en bienes materiales enriqueciéndose en poder intelectual, en la fe, la esperanza, el valor, y en los poderes creativos de la mente. La vida exterior es un reflejo de la vida interior, y ningún hombre puede dominar el ámbito exterior y físico sin controlar el mundo interior. Nadie está preparado para acceder a la riqueza, conservarla o utilizarla apropiadamente, si se encuentra en un estado de pobreza mental, debilidad moral o presa de un espíritu pusilánime.

El Gran Maestro de Nazaret conocía el mandamiento según el cual la felicidad, la armonía, la salud y la riqueza, y de hecho todo bien externo, advenían a la vida, y lo expresó al decir: «Buscad primero el Reino que está en el interior y **todas estas cosas se os darán por añadidura**».

Muchos hombres quieren resultados en sus vidas sin molestarse en proporcionarse la **causa eficiente**. Pero los resultados no se obtienen simplemente deseándolos. Las cosechas no se logran sin el sudor y el esfuerzo del campesino y la siembra de la semilla.

Todas las grandes bendiciones de la vida y todos nuestros mayores logros derivan del **pensamiento, el sentimiento y la voluntad correctos**.

Hasta que el hombre asuma una concepción adecuada del sentido de la vida, de los ilimitados poderes del alma humana, hasta que su naturaleza arda en deseos de actuar, arriesgar y ganar, hasta que su voluntad se desarrolle mediante el ejercicio y adquiera el valor y la indomable perseverancia, estará pobremente equipado para alcanzar o utilizar el dinero apropiadamente.

Así pues, merece la pena que el estudiante centre su atención en instruirse sobre la relación entre una personalidad fuerte y los grandes logros.

La mayor parte de la gente ha de proceder a un trabajo sensato de desbrozamiento en el jardín de su mente con el fin de liberarse de muchas ideas y nociones heredadas y tradicionales, que vienen de tiempos pasados, liberándose así del temor, la angustia y la duda, y sembrando allí las semillas de la fe en sí mismos, en la naturaleza, en la Ley de la Opulencia, en sus propios derechos, y cultivando el valor, la esperanza, la ambición y la paciencia, hasta que mental y espiritualmente se hayan reconstruido en una forma más noble de ser.

El presente estado exterior del hombre, tanto si es la pobreza como la riqueza, la felicidad como la desgracia, es en gran medida el resultado de su anterior forma de pensar, de modo que el estado exterior que le espera será una extensión de sus futuros métodos de pensamiento.

«Un hombre es tal como piensa en su corazón», lo cual no es sino otro modo de decir que el cuerpo del hombre es resultado de su pensamiento (consciente o inconsciente); su discurso, su comportamiento, su porte, su conducta cultural, su influencia en los demás, su éxito o su fracaso son consecuencia natural de su pensamiento.

Así pues, podemos preguntarnos: ¿cómo cambiarnos a nosotros mismos? Del mismo modo en que un sastre rehace un abrigo, un carpintero rehace una casa o un constructor de barcos rehace una nave: cambiando el patrón o el diseño. Erigimos nuestras vidas a partir de ideas, así como el arquitecto construye sus edificios a partir de planos. Si cambiamos nuestras ideas, nuestra concepción de la vida, sus privilegios y responsabilidades, lo que pensamos de nosotros mismos, nuestro ideal de personalidad, y persistimos en atenernos a las nuevas ideas e ideales, cultivaremos una personalidad en armonía con ellos. Aquello que deseamos en nuestra vida externa en su expresión material hemos de construirlo primero en nuestra mente, en nuestros ideales, propósitos y voluntad.

Los acontecimientos, condiciones y resultados aparentes de la suerte o el milagro en nuestra vida exterior están todos sometidos a la ley y en realidad son, en su mayor parte, materializaciones genuinas de formas que hemos construido en nuestro ámbito de pensamiento.

La vida surge como una corriente del «interior» al «exterior», de las expresiones mentales y espirituales a las físicas y materiales. **Por lo tanto, debemos crear**

**la riqueza en la mente antes de alcanzar su posesión en la vida mundana.**

Esto no es exclusivamente en lo que se refiere a ganar dinero; se aplica a todas las actividades de la existencia, tal como observamos en el arquitecto, que en primer lugar levanta la casa en su mente antes de erigirla en el plano material; el ingeniero construye su túnel mentalmente antes de agujerear la montaña o construir el metro; el magnate de las finanzas urde sus planes de conquista o agresividad comercial en el silencio de su propia mente antes de dar el primer paso hacia su realización externa.

En páginas sucesivas se abordará este asunto más extensamente, de modo que el estudiante quedará asombrado por el magnífico hecho de que las ideas y concepciones correctas, los objetivos y planes correctos, una clara visión de las oportunidades, la capacidad poderosamente cultivada de la creación mental, una resuelta valentía, y una voluntad y perseverancia inquebrantables que nunca ceden en su empeño se cuentan entre los requisitos esenciales a la hora de ganar dinero.

Me permito asegurar al estudiante de estas páginas que el pensamiento, el tiempo y el esfuerzo invertidos en obtener una meridiana comprensión de estas verdades, y en la eliminación de ideas e impresiones erróneas de la mente, en lograr un correcto punto de vista sobre la materia, una concepción cabal del propio lugar en la naturaleza en calidad de amo y señor, una percepción oportuna de la íntima relación y conexión vital con la Gran Fuente de toda sabiduría, fuerza y bondad, mediante la que se procurará un ilimitado suministro en todos los esfuerzos honestos de la vida, no serán malgastados, sino que resultarán una ventaja indescriptible a la hora de vencer a la pobreza y adquirir riqueza.

Estas consideraciones no son secundarias o accesorias, sino vitales y fundamentales para el tema.

El estudiante, por lo tanto, debería realizar una inspección íntima de sus herramientas mentales y espirituales para la gran batalla que emprenderá en la superación de las condiciones y limitaciones de la vida.

A continuación, y por medio de la reflexión, el estudio y la experiencia, deberá alcanzar un claro y elevado ideal del tipo de personalidad que debe lograr, el tipo de hombre en que debe convertirse si quiere tener éxito en la carrera hacia la riqueza, en la batalla que ha de combatir para alzarse desde el estado «coartado, encerrado y limitado» de la pobreza al goce y el poder de la riqueza suntuosa.

Sin duda descubrirá que posee patrones mentales y rasgos de personalidad que no son sólo inútiles, sino realmente perjudiciales para el éxito en la vida. Debe eliminarlos, no importa lo costoso que sea el esfuerzo o lo dilatada que resulte la lucha, ya que descubrirá en su vida otras virtudes y características mentales manifiestas en su ausencia o en su ínfima expresión. Ha de cultivarlas, alentarlas, ejercitarlas y apoderarse de la fuerza y la belleza.

Así pues, la tarea de cambiarnos a nosotros mismos es triple: en primer lugar, un minucioso diagnóstico de nuestras armas mentales, morales y espirituales para la batalla que se avecina; en segundo lugar, la eliminación de ideas, rasgos, hábitos, etc., indeseables, y por último, el cultivo de los brotes no desarrollados de las virtudes mentales y espirituales esenciales para el éxito.

Esta triple tarea de preparación es tan racional y esencial para quien persigue la riqueza como el meticuloso estudio de las cualidades mentales, las dotes físicas y el severo entrenamiento del atleta antes de una competición; tan necesaria como la disciplina, la instrucción y el equipamiento para un soldado en la guerra.

El hombre que sin esta triple disciplina mental se cree preparado para asumir la feroz rivalidad y las tremendas dificultades en su lucha por su parte de los bienes materiales es tan estúpido como aquel que, sin entrenamiento, se enfrenta al atleta en el estadio.

Sólo un idiota espera la cosecha sin haber trabajado y sembrado. Sólo el idiota espera resultados sin tener un motivo apropiado. Las ideas correctas, la perspectiva vital, una adecuada concepción de las propias capacidades, los ideales y objetivos correctos, el valor y la voluntad apropiados, y una expectativa y ánimo correctos constituyen el motivo apropiado para el resultado que llamamos éxito. Son la semilla fértil de la cosecha que queremos recoger.

Al estudiante no debe causarle temor la necesidad de esta preparación mental y espiritual. En este proceso de cambio, el tiempo, el dinero, el esfuerzo y el entusiasmo están bien invertidos. Cada maestro capaz de brindarle una idea fecunda, cada libro que le ofrezca verdadera inspiración, cada ejercicio de gimnasia mental que refuerce su voluntad, cada rayo de luz que le ofrezca una visión más clara de los verdaderos ideales tiene un valor incalculable para él.

## La pobreza es una enfermedad mental

Evidentemente, hay casos excepcionales en los que alguna desgracia o las malas acciones de otros parecen abatir la pobreza sobre alguien, ya sea debido a circunstancias incontrolables en su propia vida o a la acción de otros. Sin embargo, en la amplia mayoría de los casos, la pobreza del hombre en términos materiales es el resultado natural e inevitable de la pobreza de su pensamiento, emoción y voluntad. La pobreza mental es el padre y la madre de la que sufre en sus bienes materiales. Las condiciones externas de la vida de una persona son un reflejo de su universo mental. Esta perspectiva ayudará al estudiante a la hora de diagnosticar meticulosamente el estado de su pensamiento y llevar su maquinaria mental a tal estado de eficacia que toda su personalidad asuma un carácter más noble, con el resultado natural de que sus condiciones externas reflejarán su mentalidad mejorada.

## Eliminar ideas, ideales y estados anímicos erróneos

Entre las nociones erróneas que será necesario erradicar de la mente se encuentra el pensamiento (fácil de hallar en la falsa enseñanza religiosa) de que la posesión de mucho dinero no está en armonía con la verdadera religión. Es muy cierto que el amor al dinero es la raíz del mal, y que muchos de los que poseen una gran fortuna sucumben a la tentación de descuidar sus intereses espirituales. Pero se advierte que el hecho de que el dinero anhelado y venerado, así como el amasado por la mezquina avaricia, son grandes males y la fuente de muchas tentaciones, por su parte la pobreza también tiene sus peculiares maldades y tentaciones, y que en la vida no hay una postura libre de tentación, mientras que toda bendición puede transformarse, en virtud del abuso, en una maldición. Ten presente también, como se ha dicho anteriormente, que el evidente propósito de la naturaleza es la abundancia y no la pobreza, de modo que mientras que podamos decir que Dios es el creador de la generosidad y la abundancia, y que la ley de la naturaleza es, sin duda alguna, la opulencia, nadie podrá afirmar que Dios es el creador de la pobreza. El fin al que apunta la naturaleza es la **abundancia** para todos, y si debemos encontrar un origen para la pobreza nunca podremos elevarlo al propósito divino.

La idea de que la enfermedad, el sufrimiento y la pobreza están de alguna manera necesariamente relacionados con la vida religiosa es una de las más falsas enseñanzas jamás impartidas en nombre de la religión. Dios es el creador de la **salud**, la **felicidad**, la **riqueza** y la **sabiduría**, y la enfermedad, la desgracia, la pobreza y la ignorancia son producto de nuestra condición no desarrollada o el resultado de nuestra negligencia. Ninguna vida bajo la frustrante influencia de la pobreza puede poner a prueba la «vida abundante», la vida plena, simétrica y generosa que deseamos todos.

**El demonio de la angustia** y sus aliados han de ser derrotados si pretendes asegurar la paz y calma interior tan necesarias para el trabajo y el pensamiento eficientes. Hoy en día la psicología pregona a los cuatro vientos que la víctima de la **angustia**, la **ira**, la **envidia** o el **temor** no puede disfrutar de la salud. Junto a ellas, hemos de colocar la irresolución, la timidez, la depresión y la falta de confianza en uno mismo entre las **emociones negativas**.

Estas emociones agotan la energía vital y dejan al hombre con una energía residual para afrontar las pertinaces ordalías de la vida. La gente padece un mayor agotamiento y postración por los males que temen y nunca ocurren que por los que en realidad se materializan en su vida. En el funeral de un anciano se dijo de él: «Tuvo muchos problemas en la vida, y la mayor parte de ellos nunca llegaron a ocurrir». ¿No provoca acaso una lástima infinita que el tiempo y la energía que deberían utilizarse en grandes logros para nosotros mismos y el mundo se dilapiden a menudo en la angustia, el temor o la envidia con el único resultado de debilidad, sufrimiento y las oportunidades de ser útil perdidas?

**El temor** ha sido llamado el verdadero «duende de la raza». Magnifica a nuestros enemigos y minimiza a nuestros amigos. Continuamente nos dice: «¡Hay un león en el camino!». Es el lamento del cobarde sirviente de Eliseo: «¡Ay, maestro! ¿Qué haremos?». Ve los enemigos y las dificultades, y los amplía hasta proporciones gigantescas. A «los llorosos y los incrédulos» les aguarda el mismo destino según las escrituras.

El conjunto del progreso de la humanidad, tanto a escala nacional como individualmente, es un progreso desde el dominio del temor hasta el reino de la fe.

¡El temor posee un extraño poder magnético –un poder de pensamiento creativo–, capaz de materializar en nuestra vida exterior las situaciones más temidas! Parece ser un imán de gran fuerza que arrastra a la órbita de la vida el propio objeto temido en la mente: «Aquello que temía es lo que me encontré». La fe, por otra parte, dice con Eliseo: «Quienes están con nosotros son más que los que están contra nosotros». La fe considera que las huestes angélicas están listas para ayudarnos en momentos de necesidad. Que el estudiante recuerde el axioma: «El pensamiento toma forma en la acción y el ser».

## El modo de expulsar
## la angustia o el temor

En lugar de centrar nuestros pensamientos en la angustia, los temores, las dudas y la irresolución, que constituyen el veneno mental del hombre, el método correcto consiste en olvidar que estas emociones nos han controlado y poner todo nuestro esfuerzo mental en cultivar sus antídotos: **paz**, **confianza**, **fe**, **resolución** y **valor**. El poder de expulsar una idea o afecto nuevo o contrario es reconocido por todos los psicólogos, y desde el punto de vista de la «ciencia mental» **no deberíamos permitir que nuestra mente se hunda en pensamientos u objetos indeseables**. Piensa en la salud, no en la enfermedad; en el éxito, no en el fracaso; en el valor, no en el temor; en la fe, no en la duda; en el bien creciente que llegará a tu vida, no en el mal.

En especial es necesario estimular y reforzar la fe, que no es una mera creencia o asentimiento a la comprensión de ciertos principios, sino como expresa Edward E. Beals: «La fe es el tranvía al que subimos para llegar a las Grandes Fuerzas de la vida y a la naturaleza, gracias al cual recibimos la afluencia de la energía que está detrás, y en todas las cosas, y somos capaces de aplicar esa energía a la gestión de nuestros propios intereses». El ejemplo es acertado y contundente. La fe es el vínculo vital de conexión entre el alma del hombre y la Infinita Fuente de dádivas. Es mucho más. Es quien dispara las fuerzas latentes en el alma del hombre. Descubre, para el enfermo, la fuente de aguas curativas en el alma e inunda toda la naturaleza espiritual con nueva vida y energía. Al débil le da fuerzas; al tímido, valor; al desesperado, esperanza. La fe abre la visión interior del alma y revela las realidades del mundo espiritual, que al ser admitidas y esperadas pacientemente, tienen el extraño poder de materializarse en las condiciones vitales externas.

Hemos de cultivar con diligencia la fe en nosotros mismos. Nunca nadie llega a alcanzar el verdadero éxito si está marcado por su propia debilidad o inferioridad. Son los que tienen esperanza y confían en ellos mismos los que portan la vibración del pensamiento «puedo y voy a hacerlo», que da la victoria en la batalla de la vida.

Si un hombre pudiera confinar la pobre opinión que tiene de sí mismo en la estricta frontera de su ser, esto lo paralizaría en su vida laboral, en gran medida porque los pensamientos temerosos, por muy celosamente que se pretenda ocultarlos en el lenguaje o el comportamiento, crean una atmósfera de duda, timidez y miedo que se irradia a las mentes de quienes entran en contacto con él.

Los **pensamientos** y estados anímicos son **contagiosos**. Ningún hombre puede reservarlos exclusivamente para sí. El aura de negatividad, duda e irresolución con que muchos hombres se rodean encuentra su camino hacia otras mentes y se convierte en una barrera para el éxito en todas partes.

Sin embargo, esta falta de confianza en las propias capacidades es más catastrófica en sus efectos hacia uno mismo como una helada que matara todos los planes en ciernes, todo propósito y esperanza, tan fundamentales para el éxito. Libérate, te lo ruego, de todas las falsas ideas relativas a las limitaciones de tu propia fuerza, pues aunque es bastante cierto que sólo has desarrollado estos poderes de forma muy limitada, y que hay una gran diferencia entre tu vida y las «vidas de los grandes hombres», recuerda que **no existe límite en absoluto al grado en el que pueden desplegarse tus fuerzas.** Estás conectado vitalmente al lugar donde se halla la sabiduría divina, energía y fuerza, de los que puedes aprovecharte a voluntad y sin límite, pues «en Dios vivimos y tenemos nuestro ser». Por lo tanto, en tu naturaleza dispones potencialmente de más capacidad, en esencia y sin utilizar, de la que todos los hombres de todas las eras han mostrado jamás.

Cultiva, asimismo, la fe en «la fuerza que alienta la rectitud», en la sabiduría y ayuda angelical, en una Inteligencia Rectora Superior, en el «destino» o en tu «estrella guía», como hicieron las grandes almas que han sido líderes mundiales.

Cultiva, también, una fe absoluta en las leyes (que ahora estás dominando) del éxito financiero, y recuerda que el trono de Dios no es tan estable, la rotación del sol no es tan segura y la ley de la gravitación no es tan fija como lo es la operación de las **leyes inamovibles del crecimiento financiero**.

Con fe en ti mismo, en tus compañeros, en la ley, mantén la cabeza erguida, impón a tu propia alma el dominio de tu personalidad, y con la confianza del espíritu del «puedo y lo haré», ingresa en la palestra de la vida.

Helen Wilmans, de cuya notable evolución tendré otras cosas que decir más adelante, afirma: **«Cambié del todo mi forma de ser. Dejé de ser un harapo fláccido y pasé a ser lo suficientemente positiva como para dominar todo cuanto me rodeaba»**. En otro lugar revela: «Llegué a ser como un Dios y supe que ninguna fuerza podía volverse contra mí».

# Reclama para ti fuerza y sabiduría ilimitadas

Hasta que un hombre lanza al menos una ojeada a las profundidades de la naturaleza humana, no podrá realizarse a sí mismo o desarrollar las posibilidades de la vida. Mientras se mida a sí mismo y ponga coto a sus fuerzas, limitará sus logros y todas sus expresiones vitales.

La visión correcta es que nadie puede medir la grandeza del hombre (es decir, tu grandeza), así como no puede poner límites a la grandeza de Dios. El hombre, como hijo de Dios, fundado en una progresión eterna, es, al menos en germen, un dios, y cuanto más clara sea su visión de esta verdad, y más constante sea su reconocimiento de este hecho, antes se manifestará la divinidad en su vida y en su personalidad. Todo individuo (y esto te incluye a ti) contiene en esencia no sólo los atributos de la grandeza humana (todo el talento, habilidad y genio de que los hombres han hecho gala en la historia), sino también la plenitud de la divinidad. La raza humana forma parte de los dioses. **Por lo tanto, dispones no sólo de un talento, sino del conjunto de las dotes humanas.** Dispones de genio, que no es sino energía concentrada y tenaz voluntad de poder. Dispones de «todo el poder», tal como Jesús dijo de sí mismo. Eres más que capaz de prevalecer. Retén este pensamiento: conduce al éxito.

Lección II

# PRINCIPIOS Y MÉTODOS DEL ÉXITO

## Mantener cuerpo y mente en plena forma

Si la mente queda debilitada por angustias, vanos reproches, presentimientos, o bien sus fuerzas mentales se agotan en las vibraciones disonantes de la envidia, el odio, la desconfianza o la malicia; y si el cuerpo se cansa por la violación de la ley natural o el exceso, por una desmesurada indulgencia en el apetito, la pasión, etc.; en definitiva, si cuerpo y mente no guardan una relación armoniosa en el plan de la naturaleza para perfeccionar su trabajo, no esperes el éxito. Aquel que no puede dominar su mundo interior no puede dominar el mundo exterior. Aquel incapaz de controlarse a sí mismo no podrá gobernar la situación ni a otras personas. La promesa es: «El que venza heredará todas las cosas», pero también se dice que una casa dividida en contra de sus propios intereses no prevalecerá.

En el estado mental y físico correcto y su trabajo armonioso en el plan de la naturaleza, que en breve expondré, se desarrolla el poder para superar las dificultades, para triunfar sobre las condiciones heredadas, un ambiente pobre y obstáculos aparentemente insuperables, y fijarnos un camino constante hacia la consecución del éxito.

Esta fuerza en constante incremento llegará a nuestra vida si mantenemos una mente libre y despejada, en un cuerpo sano y vigoroso, trabajando en armonía con el plan divino de la naturaleza.

¿Me preguntas en qué consiste ese plan? Se revela en la ubicación de los sentidos en el cerebro, donde se pueden hallar aquellos que representan los apetitos y pasiones en la base del cerebro, aquellos que simbolizan las facultades intelectuales, cerca de la coronilla y aquellos que encarnan las facultades espirituales en la coronilla. Esto muestra que el cuerpo está sometido a la mente y que ambos deberían subordinarse a la naturaleza espiritual.

A partir de este plan puedes organizar tu vida y asegurar la armonía, que significa paz y fuerza, sin los que nunca lograrás conquistar el mundo. Una vida y una personalidad construidas a partir de otro plan resultarán discordantes, débiles y caóticas, ya que la naturaleza espiritual jamás puede adoptar una posición subordinada. Es el plan de Dios para organizar tu vida. Por lo tanto, cultiva una actitud mental positiva respecto al cuerpo; la naturaleza espiritual debe gobernar todos los aspectos de la vida. Deja que la razón dicte cómo ha de invertirse el tiempo, el dinero, la energía, hasta qué punto hay que satisfacer el deseo, las horas de trabajo, el sueño y el ocio, y permite que un elevado propósito espiritual inunde todas las actividades de tu vida a fin de lograr lo máximo y lo mejor para tu existencia y conquistar el mayor bien para la humanidad.

## Evita toda pérdida de tiempo, dinero y energía

Muy vinculado a lo anterior se encuentra la cuidadosa conservación de los recursos vitales y las oportunidades. Alguien ha dicho que «el tiempo es oro», pero el tiempo es infinitamente más que oro. El tiempo mejorado significa carácter, y el carácter significa destino, de modo que la pérdida de tiempo es un despilfarro infinitamente mayor que la pérdida de dinero.

Que ningún lector me malinterprete: no soy defensor del trabajo constante, todo lo contrario: creo que el descanso, el ocio y la diversión son tan necesarios como el alimento y el ejercicio, especialmente para los trabajadores serios. Sin embargo, tenemos el hecho desafortunado de que buena parte del ocio y la diversión no son reclamados por los trabajadores, sino por los holgazanes. El buen juicio debe determinar cuándo el cuerpo y la mente necesitan recrearse, y el tiempo y el dinero invertidos entonces no se malgastan, sino que se emplean provechosamente.

No obstante, la mayoría dilapidan tanto tiempo y dinero inútilmente, cuando mente y cuerpo no requieren el sacrificio, resulta lamentable, desde el punto de vista del crecimiento personal, ver cómo se desperdicia tanta vida. Las horas malgastadas por hombres y jóvenes, si se consagraran al estudio o la práctica, pronto se traducirían en una mayor eficacia en el trabajo, mejores salarios, horarios reducidos y comodidad, si no opulencia.

Si se ahorrara e invirtiera el dinero gastado en cigarrillos, bebidas ocasionales y otros gastos inútiles, pronto representaría el capital requerido para tener una fortuna.

¿Cuánta energía humana y fuerza magnética se malgasta en tanta cháchara inútil, en actividades sin sentido, en lujos sensuales, y en cambio, si se conservara en lugar de desperdiciarse, proporcionaría vigor al aliento, convicción y fuerza a las palabras, encanto y empuje triunfador a la personalidad?

Miles de hombres acuden al trabajo cada día sin las fuerzas vitales imprescindibles para el éxito, porque no han tenido el valor ni la energía moral para gobernar el cuerpo y sus pasiones en lugar de dejarse avasallar por ellos. La excesiva indulgencia a este respecto ha arruinado las perspectivas vitales de muchos individuos.

La conservación de las fuerzas vitales, germinales, del cuerpo humano otorga luz a la vista, encanto a la voz, poder magnético a la personalidad, y esa indefinible y sin embargo potencial capacidad para encontrar el camino hacia la gracia y el deseo de los otros, de lo que en gran medida depende el éxito.

Si pretendes triunfar, acude al trabajo, a la oficina, a una conferencia o reunión pública desbordante de vitalidad, y la gente advertirá, sin que medie acto alguno por tu parte, que un rey se encuentra entre ellos.

## Cultiva la clarividencia en los negocios

La clarividencia en los negocios es un hecho, y para lograr el éxito un hombre debe cultivar esta «visión interior» del alma a fin de descubrir los umbrales de la oportunidad, los senderos que a su alrededor conducen al éxito. Debes cultivar una atención despierta, fieles dotes de observación, un minucioso estudio de las condiciones presentes y futuras, así como poner tu imaginación a trabajar en una planificación constructiva y tendente al éxito. En silencio un hombre ha de comulgar con su propia alma y las condiciones presentes, y a continuación crear mentalmente unas posibles y mejores condiciones para el futuro.

Una terca muchedumbre atraviesa el continente, pero aun disponiendo de ojos para ver, no ve las puertas abiertas a la riqueza en la desaprovechada fuerza del agua, en el desierto transformado en un paraíso por una corriente de agua, en un afloramiento mineral que puede convertirse en El Dorado; y teniendo oídos para escuchar, no escucha la cantidad de voces que llaman al brazo fuerte del trabajo y a una mente fértil para transformar las tierras vírgenes en un jardín de rosas. Sólo un hombre de cada mil posee la clarividencia en los negocios como un don natural; otros pueden desarrollarla mediante la atención, el interés y el estudio, y para aquellos que de este modo descubren la puerta de la oportunidad, el resto es sencillo.


## Hablarse a sí mismo: autosugestión

El mayor descubrimiento de la psicología de nuestro tiempo es, indudablemente, el **maravilloso poder de la sugestión** en la formación del carácter y el despertar de las fuerzas espirituales. Se ha descubierto que en gran medida nuestras vidas están gobernadas por la sugestión, por ejemplo, a partir de impresiones que se graban en la mente en virtud de lo que vemos, oímos y sentimos, o por la acción telepática de otras mentes. Los hombres generalmente y en el estado de vigilia ordinaria, están sometidos y son gobernados de este modo, más de lo que a primera vista pudiera parecer. Bajo sugestión recibida del exterior o por telepatía algunos llevan a cabo acciones que a menudo no tenían planeadas, que, en algunos casos, no se habrían atrevido a hacer, y con frecuencia con los resultados más sorprendentes para ellos mismos y los demás.

Bajo sugestión los hombres han emprendido tareas que normalmente les habrían horrorizado, culminando, en ocasiones, con un éxito fenomenal; en otros casos cultivando inspirados, de este modo, energías físicas y mentales que no creían poseer, haciendo acopio de nueva fuerza e inspiración en su vida laboral.

Aunque esto de la sugestión recibida en el estado normal de vigilia es cierto, se ha descubierto que la que se recibe en el sueño o en estado de hipnosis se infiltra más profundamente en nuestra naturaleza, influye en la vida de un modo más intenso y ejerce un efecto sorprendente y aparentemente mágico al invocar los poderes y talentos latentes en el alma. De hecho, los datos que arrojan los resultados de la sugestión son tan maravillosos que tal vez se la debería considerar como la verdadera «lámpara de Aladino» de la psicología de estos tiempos.

Sus efectos se observan no sólo en un estado mental reformado y fortalecido, de mayor valor, fe, atrevimiento y capacidad, sino que sus magníficos resultados en el cuerpo humano se admiten plenamente en la cura de enfermedades, la superación de los hábitos de consumo de alcohol y drogas, y la regeneración global del cuerpo humano.

Los instructores de la Nueva Escuela y todos los estudiantes de la Nueva Psicología saben que se trata de uno de los instrumentos más eficaces en la formación de la personalidad y la adecuada educación de los niños. Gracias a su poder, los padres de hoy, por medio de la sugestión mental a sus hijos dormidos, están creando un tipo más noble de hombres y mujeres para el futuro, dotados de poderes físicos y mentales superiores a los del pasado.

Aunque todo esto y mucho más es cierto en la sugestión proporcionada adecuadamente en el sueño, y muchos curan discretamente a los enfermos y a través de ella transforman en bondad a la maldad, no está muy difundido que una persona puede aplicarse a sí misma ese poder maravilloso, en lo que se conoce como autosugestión.

**La gran mente subconsciente**, que no es una segunda mente o una mente autónoma, sino que es ese gran depósito de actividades mentales subjetivas en permanente actividad, que trabaja automáticamente, que razona sólo deductivamente, que preside todas las funciones vitales (digestión, circulación, respiración, secreción, nutrición, etc.), y nos gobierna plenamente en el sueño y en la hipnosis, es **susceptible a la sugestión** en nuestra conciencia despierta ordinaria. Todo nuestro pensamiento ordinario, nuestras experiencias de todo tipo, constituyen sugestiones para la mente subjetiva, que las recibe como la tolva el grano, y en el acto procede a transformarlo en material para la formación de nuestras mentes, y en patrones e ideas para la reconstrucción de nuestros cuerpos. Así pues, facilitamos de una manera constante estas sugestiones a la mente subjetiva, y reconstruimos cuerpo y mente en función de lo proporcionado.

Por lo tanto, si buscamos salud, vigor, firmeza corporal, una mentalidad fuerte, un gran valor, fe y voluntad, hemos de enviar sugestiones que afirmen continuamente la posesión de estas cualidades y sin duda descubriremos cómo se desarrollan en nuestra personalidad y se manifiestan pródigamente en nuestras vidas.

Una idea firme de salud, felicidad y éxito, implantada en la mente mediante el poder de la autosugestión, le es más valiosa al hombre que una fortuna.

De esta manera podríamos, mediante un firme hábito de autosugestión, fijar en la mente subjetiva y de la forma **mas poderosa posible la fe en nuestra propia capacidad**. El doctor Quackenbos, de la Universidad de Columbia, ha conseguido resultados aparentemente milagrosos en el desarrollo de grandes aptitudes para el arte y la música en bebés de pocos meses mediante la sugestión, que normalmente habrían requerido años de formación, y cuyas capacidades quizá nunca se habrían manifestado con la práctica sino sólo mediante el poder de la sugestión a la hora de despertar los poderes latentes del alma. Las sugestiones que se transmiten a un alumno bajo hipnosis se aceptan con fe ciega, y la fe parece tener un misterioso poder para curar e inspirar, especialmente para despertar el talento que yace aletargado.

**En general los hombres son capaces de hacer aquello que creen poder hacer, y no pueden hacer aquello de lo que no se creen capaces.** Lo observamos en el chico hipnotizado al que se le ha dicho que no puede cruzar cierta línea en el suelo. Lucha en vano para cruzarla, ya que su creencia lo mantiene cautivo y suprime completamente sus capacidades físicas.

Por otro lado, con frecuencia he escuchado cómo el muchacho hipnotizado, bajo la sugestión de que es un orador notable, se alza y pronuncia un discurso sorprendente, del que era del todo incapaz en un estado normal. Y he visto cómo el sujeto hipnotizado saltaba sobre la cabeza de un hombre bajo el estímulo de la sugestión, algo que posiblemente no podría realizar en el estado de vigilia.

Nadie conoce los poderes ocultos de la mente. Si quieres despertarlos, debes cultivar a diario, mediante la autosugestión, una fe ilimitada en ti mismo.

Lección III

# PRINCIPIOS Y MÉTODOS DEL ÉXITO (II)

## Convierte al mundo en tu deudor: el cielo corresponderá

No sé qué grado de fe habrá de tener el alumno en el Universo Oculto o en la Agencia de Inteligencias Ocultas en la Vida Mortal; sin embargo me aventuré a exponer la Ley del Éxito Financiero que me ha sido transmitida desde fuentes muy antiguas; muchos creen que tiene un origen oculto. De hecho, pretende ser una enseñanza revelada en los últimos tiempos a partir de un renombrado científico hindú de hace cuatro mil años. Manifiesta ser la ley del incremento material tal como se entiende desde el punto de vista de la vida espiritual, y se expone en el título que antecede a este párrafo: «Convierte al mundo en tu deudor» sirviendo a la humanidad de todas las formas posibles, pero especialmente en el nivel de servicio más elevado: el espiritual. Haz que la deuda sea lo más alta posible. Haz todo el bien que puedas, siempre, en cualquier lugar, de todas las formas posibles y a todo ser humano.

La idea subyacente consiste en que los ángeles que administran la providencia de Dios aquí en el plano mortal, los guardianes de la humanidad, aceptarán, como si recayera en ellos mismos, todo acto de bondad hacia los mortales, y procurarán corresponder no sólo con bienes espirituales sino también temporales.

El pensamiento de la bondadosa compasión y ayuda de los ángeles de Dios ha de proporcionar fuerza y consuelo a todo aquel que trabaje para el bien de la humanidad.

## Las grandes ideas y proyectos interesan a las grandes mentes

Como ya he señalado, buena parte de las vidas son pobres y míseras en su expresión y condiciones externas porque los individuos son mentalmente indigentes y están afligidos por la pobreza. Las pequeñas ideas, planes e ideales engendran un escaso interés, poco esfuerzo y entusiasmo en el individuo, y despiertan insuficiente o ningún interés en otras mentes. La diferencia radical entre el vendedor de palomitas de maíz de la esquina y el magnate financiero es el tamaño de sus ideas y conceptos. Las ideas-palomitas-de-maíz engendran una vida-palomitas-de-maíz; las grandes ideas, proyectos y empresas, por otro lado, despiertan el alma del individuo al celo, el esfuerzo, el valor, la audacia que corresponden a las grandes ideas.

A los grandes hombres no se les puede presentar un proyecto de naturaleza frívola; el tiempo y la energía mental son demasiado valiosos para gastarlos en lo que «no merece la pena». Si aceptamos la teoría de un universo espiritual, atestado de inteligencias que velan por la humanidad, podremos creer que las más elevadas inteligencias entre ellas no se aliarán con un mortal que en este plano no emprenda algo que «merezca la pena».

Un hombre debería planear, incesantemente, empresas cada vez más grandes, habría de tener el valor y la audacia para embarcarse en esas nuevas empresas confiando en los poderes desplegados de su propia alma, en la gran ley de la evolución, en la ayuda angélica y en la «estrella del destino» para coronar sus esfuerzos con éxito. Si se acompañan de un juicio sólido, planes apropiados y un interés proporcionado, las grandes ideas y proyectos producen grandes hombres y un éxito elevado.

## Cultiva la fortaleza de la voluntad

La voluntad es la fuerza rectora del alma, y cuando se armoniza con la naturaleza llega a ser el canal de la energía personal y espiritual, tan real como la fuerza de la gravedad o la electricidad. Si se dirige erróneamente, no puede asegurar el éxito, pues la voluntad humana siempre habrá de estar sometida a la voluntad divina y vivir en armonía con ella. Algunos maestros y escritores se expresan como si el individuo, gracias a su mera voluntad, pudiera apartar las leyes de la naturaleza o frustrar la voluntad divina tal como se expresa en la ley general. No es así. Del mismo modo se afirma que aferrando las correas de sus botas un hombre podrá alzarse sobre una montaña. Pero allí donde un hombre anhela la verdad y la rectitud o formula un gran plan en armonía con la ordenación de la naturaleza, su voluntad pasa a ser una con la voluntad universal, que es un canal de las fuerzas divinas del universo. No parece haber un verdadero límite para los logros humanos en armonía con las leyes de la naturaleza si se persiguen resueltamente con una voluntad fuerte e invencible. La base de todo poder personal reside en esta voluntad, que todas las grandes personalidades de éxito poseen en un grado elevado.

Una voluntad férrea es una fuerza poderosa en la naturaleza humana que crea una corriente de vibraciones hacia quien la posee, gracias a la cual se le proporcionan los objetos deseados. Opera según la ley natural pero a veces sus resultados parecen milagrosos.

Mediante la frecuente afirmación ante sí mismo, en el templo de su propia alma, el alumno debe hacer valer su voluntad y capacidad para vencer todas las dificultades. Muchos han sugerido la siguiente afirmación para su uso constante: **«Puedo y lo haré»**.

La voluntad humana, esa fuerza oculta,
la descendencia de un alma inmortal,
puede hallar un camino para toda meta
aunque se interpongan muros de granito.

Fue el poder de la voluntad desarrollado al máximo el que transformó al pequeño corso en el más espléndido líder y conquistador militar que el mundo vio jamás: Napoleón Bonaparte. No consideraba nada como imposible, e insistía en que esta palabra sólo se encontraba en el diccionario de los idiotas, que no era un término francés en absoluto. Cuando le comunicaron que los Alpes se erguían en su marcha victoriosa hacia Italia, se limitó a decir: «No habrá Alpes», y el paso del Simplon fue la respuesta.

## Permanece atento a las oportunidades

El buscador de riqueza debe mantener todas sus facultades mentales alerta y buscar «brechas», «oportunidades» y «corrientes favorables», así como ser fértil en ideas y de valor atrevido para aprovecharlas.

«A cada hombre y nación les llega la hora de decidir –dijo Shakespeare–. En los asuntos de los hombres hay una corriente que, atrapada en su punto más alto, conduce a la fortuna.»

Hay que prepararse para cuando estas puertas estén abiertas. El hombre que trabaja debería estar preparado para un puesto más elevado, ya que quel que se limita a ocupar su puesto sin más no es adecuado para uno superior. Lee las vidas de los hombres que han ascendido desde el peldaño inferior al más alto y descubrirás a hombres que se han preparado de antemano, y que con un servicio extra dispusieron su propia trayectoria.

Cuando la puerta se abra, entra. Cuando la oportunidad se cruce en tu camino, no la dejes escapar. Hay un lema que dice: «La mitad de las desgracias de la vida vienen de mantenerse en el caballo cuando salta».

## Recuerda: el dinero procede de la acción

El alumno tendrá presente que si se ha puesto una gran confianza en el pensamiento, sentimiento y voluntad correctos, y mucho trabajo, si se ha profundizado mucho en la psicología del sujeto, ha sido con un objetivo: la acción y el tiempo correctos.

Nada puede sustituir la laboriosidad paciente y aplicada; ideas expresadas en la acción, celo, poder de la voluntad, fe y energía que se traducen en trabajo.

Como dijo Helen Wilmans: «El dinero procede de la acción».

## Las ideas prácticas de Wallace D. Wattles

En un pequeño panfleto, «How to Get What You Want» (Cómo conseguir lo que deseas), el señor Wallace D. Wattles ofrece un valioso y pertinente consejo acerca de ganar dinero, así como sobre otras líneas de éxito. A continuación resumo algunas de estas enseñanzas prácticas.

La causa del éxito está siempre en la persona que lo consigue; todas las mentes están formadas por los mismos elementos esenciales y contienen las mismas facultades; la diferencia existente entre las personas estriba en el grado de su desarrollo. Es cierto, por lo tanto, que se puede obtener el éxito si se encuentra la causa que lo provoca, se estimula con fuerza suficiente y se aplica correctamente al propio trabajo. Tú puedes desarrollar cualquier poder hasta una expresión ilimitada; por lo tanto, puedes engendrar la suficiente energía del éxito como para conseguirlo; debes desarrollar facultades especiales para utilizarlas en un trabajo específico, debes escoger para los negocios aquel que te exigirá el uso de tus mejores facultades, y a continuación desarrollarlas al máximo; el éxito no sólo depende, principalmente, de la posesión de estas facultades especiales que sólo son herramientas para lograrlo, sino más bien del poder que utiliza esas energías.

A ese algo en la persona a donde la llevan sus facultades especiales con éxito lo llamamos conciencia del poder activo; es equilibrio y más que equilibrio; es fe y más que fe; es lo que se siente cuando uno sabe que puede hacer algo y sabe cómo hacerlo; tú debes aprender a crear esta conciencia-poder con el fin de saber que puedes hacer lo que desees; no sólo debes creer en que puedes triunfar, sino saber que puedes lograrlo; y la mente subconsciente ha de saber que puede triunfar tanto como la mente objetiva; la gente puede pensar de manera objetiva que logrará el éxito, pero dudarlo subconscientemente, y esa duda frustrará el éxito: tu mente subconsciente debe impregnarse a fondo del conocimiento de que tienes el poder, que sabes cómo utilizarlo y que lo utilizarás.

Las afirmaciones repetidas a lo largo de un mes, especialmente antes de dormir, de enunciados como los siguientes nos ayudarán a crear el conocimiento subconsciente del éxito: «Puedo triunfar», «Tengo éxito», «Yo también puedo hacer lo que han logrado los otros», «Puedo hacer lo que quiero», «Puedo tener cuanto deseo».

Para obtener más debes hacer el mejor y más constructivo uso posible de aquello de lo que ya dispones: el progreso depende de la perfección en el uso de cuanto ya se encuentra en tu poder; al saltar, la ardilla obtuvo, con el tiempo, alas, en virtud de la ley de la evolución; tú nunca tendrás alas si sólo saltas con la mitad de tu capacidad. A toda persona que hace algo a la perfección enseguida se le presenta la oportunidad de hacer algo mayor; la ley establece que cuando una organización posee más vida de la que puede expresarse en un determinado plano, el superávit vital la eleva al plano superior. Por lo tanto, vive para el futuro ahora, pero no vivas en el futuro ahora; aumenta tus negocios y tus amigos, y adquiere una posición mejor utilizando constructivamente aquello de lo que dispones; concentra todas tus energías constructivas en el uso de lo que tienes hoy; convierte cada transacción, cada experiencia (aun las adversas) en un trampolín para asuntos más nobles; recuerda que el superávit de vida (capacidad) en un plano prepara, bajo los auspicios de la evolución, el siguiente plano superior; haz amigos interesándote sinceramente en todo aquel a quien conoces; adécuate a cada relación presente y mantente preparado para el ascenso venidero.

## Cómo Helen Wilmans superó la pobreza

«Las vidas de los grandes hombres –y también de las grandes mujeres– nos recuerdan que podemos transformar nuestra vida en algo sublime». Ninguna verdad en palabras nos impresiona tanto como la verdad en una vida. El relato de la vida de Helen Wilmans es una Biblia de Revelaciones en una época en que vivimos plenamente el nuevo pensamiento, la nueva teología y la inspiración más divina.

La señora Wilmans declara que el temor a la pobreza no es sino temor a los otros y desconfianza en uno mismo. Afirma: «He conocido la pobreza a fondo. Estuve atrapada en la creencia de su poder en una edad temprana de mi vida; miraba a los demás como a mis superiores, estaba dispuesta a asumir un

lugar por debajo de ellos; día y noche estuve tortura-
da por la verdadera penuria. Entonces empezaron a
despertar los poderes de mi raciocinio, primero en el
asunto de la religión, luego en otras cosas, y mi mente rompió sus cadenas, de modo que empecé a ver la
luz. Me desprendí de cien creencias que juzgaba
esenciales para la salvación. Lentamente adquirí un
sentido de la individualidad que me permitió estar
sola».

Lee la historia de su vida; es apasionante, ins-
tructiva e interesante. Mujer de un granjero, con la
granja hipotecada y luego vendida, sumida en la
pobreza, con todas sus pertenencias en una maleta,
sin dinero, logra desplazarse a una ciudad a cinco
millas de distancia, donde con diez dólares presta-
dos, arrancados por la fuerza mental a un zapatero,
marcha a San Francisco, gasta su capital, ayuna tres
días, rechaza aunque hambrienta todo trabajo o
empleo, a excepción de aquello en lo que ha puesto
su corazón, el trabajo en prensa, que al menos le pro-
cura seis dólares a la semana. Un día abandona la
pluma y deja la oficina, resuelta a no servir más a
otros, se queda sola en el frío y la nieve de la calle,
con un capital de veinticinco céntimos y su propia
independencia, y decide fundar un periódico propio.

Vuelve a casa y el encargado de la pensión, receloso por su rápido regreso, le pregunta:

—¿Es que el jefe te ha despedido?

—No –replica ella–, yo he despedido al jefe.

—¿Tienes asegurado el pan? –pregunta él.

—Tengo asegurado el pan –responde ella.

—¿Cómo?

—Voy a fundar un periódico y ya es un éxito antes de nacer. Escucha, voy a leerte mi primer editorial.

Le leyó el editorial del *Yo*, y él tomó asiento, escuchando el ardiente entusiasmo y los enérgicos toques de trompeta de libertad y agresividad, hasta que su alma se incendió y su rostro se iluminó, y gritó: «Confío en ti. Tengo 20.000 dólares en el banco. Puedes coger hasta el último dólar si lo deseas».

Ella se negó, pero le pidió que esperara un ingreso. Tres días más tarde, cuando llegaron siete dólares, bailaron alegres en torno a la mesa hasta que los platos se esparcieron y quebraron. Luego llegaron suscripciones, donaciones, reconocimiento, grandes esperanzas, planes, valor y éxito.

Venció a la pobreza superando el temor, aprendiendo y confiando en sí misma, y atreviéndose a decir: «Puedo y lo haré».

## Planificación

Uno de los grandes secretos de la vida es la cuidadosa, sabia y prudente planificación anticipada de nuestro trabajo. Tal vez en ningún otro aspecto supera más la persona de éxito a quien no lo tiene que en la capacidad de prever el futuro, disponer y preparar sus planes de acuerdo con sus expectativas y dirigir sus esfuerzos a evitar la pérdida de tiempo, dinero y energía, y lograr que todo su trabajo tienda directamente a la consecución de su gran objetivo vital.

Todos los grandes generales, César, Aníbal, Napoleón, Wellington o Grant, destacaron a la hora de preparar planes prácticos de campaña y, en gran número de grandes batallas, la victoria se obtuvo gracias a una planificación habilidosa, audaz y decisiva y no tanto al uso de una fuerza superior.

¿Cuál es el elemento principal en una buena **planificación**? El elemento esencial es el **conocimiento**. Tomemos el ejemplo del general que va a entablar batalla con las fuerzas enemigas en combate. ¿Qué es lo que necesita para la formación de sus planes de lucha? Ante todo, conocimiento. Necesita conocer con toda exactitud las **fuerzas desplegadas contra él**, las **fuerzas de que dispone**, los **puntos**

**fuertes y débiles** de ambos ejércitos y cada palmo del campo donde se desencadenará la batalla; en otras palabras, cuanto más completo y exacto sea su conocimiento, mejor será el plan de batalla que urdirá y mayores serán sus perspectivas de éxito.

El arquitecto que se dispone a construir un edificio debe conocer la naturaleza del lugar, así como la calidad del material; calcula el coste, tiene presente el elemento tiempo y el clima y construye su estructura en la mente antes de erigirla en cemento, al igual que el general triunfante debe hacer su guerra en el campo de batalla mental antes de enfrentarse con éxito al enemigo.

Así pues, toda persona que planifique su trabajo vital necesita, ante todo, **conocimiento**. En primer lugar, tiene que conocerse a sí misma, física, intelectual y moralmente, su fuerza y debilidad, sus gustos, inclinaciones y talentos especiales.

El siguiente elemento esencial en una planificación de éxito es un esquema que incluya todos los grandes hechos y factores que forman parte de la vida. Toda persona debería estudiarse a sí misma: conocer su propia capacidad, descubrir su talento e inclinaciones particulares, y a continuación urdir, como un general hace con sus órdenes de batalla, como un arquitecto con su edificio, su plan de vida.

Muchos jóvenes parecen no haber formulado planes, esquemas u objetivos más allá del presente y el futuro inmediato.

No hace mucho escuché a un hombre distinguido dar una de las grandes razones de su éxito y por qué se alzó, bajo influencias muy adversas, desde la ignorancia y la pobreza hasta un amplio conocimiento y una posición de gran honor y poder: «Cuando, siendo un joven de provincias, ingresé en el instituto durante la adolescencia, dispuse meticulosamente, por anticipado, un curso de cinco años en Arte y otros cuatro años en Teología. Era pobre y tuve que ganar dinero en las vacaciones, con trabajo editorial durante el año lectivo, y trabajé bajo circunstancias adversas en otros aspectos. Sin embargo, durante nueve años seguí sin desviarme mis planes cuidadosamente madurados, y si en la vida he conocido el éxito se debe en gran medida a mi capacidad para planificar mi trabajo con diligencia y atenerme a mis planes hasta haberlos concluido».

## El uso correcto de las dificultades

No hay prueba mejor del carácter que el modo en que un hombre aborda las dificultades. El cobarde las rehúye; el holgazán da vueltas a su alrededor; el ocioso se entretiene con ellas, esperando, como Micawber, que algo ocurra o un milagro las aleje; el hombre infantil espera que un amigo la aparte; sin embargo, el hombre maduro las supera.

Hay dos cuestiones importantes que los jóvenes deben plantearse: **¿cómo hemos de pensar en nuestras dificultades? ¿Cómo hemos de abordarlas?**

*1. ¿Cómo hemos de pensar en las dificultades que encontramos en la vida?* Ésta es una cuestión de enorme importancia, ya que de su correcta solución depende en gran medida nuestra felicidad y éxito.

En ningún caso hemos de concebir las dificultades como desgracias, pues a menudo constituyen, y cuando se las aprovecha apropiadamente, siempre, nuestras mayores bendiciones. Los problemas con que tropezamos incitan a la mente a un esfuerzo activo, estimulan el genio inventivo, nos animan a ser diligentes, invocan nuestros recursos, y los aplican para el crecimiento y la opulencia.

Para los adolescentes, las dificultades son lo que el viento para el joven roble: el método de la naturaleza para hacer más sólida su fuerza y procurarle una fibra más robusta a nuestro ser mental y moral. Nos ofrecen nuestras mayores oportunidades al convertirse en el gran incentivo y la inspiración para nuestras fuerzas latentes. Inspiran nuestro poder de reserva. Son mediaciones, decretadas por el Cielo, que despiertan a la vida y la actividad las fuerzas aletargadas en nuestro interior.

Un joven que tropieza con muchas dificultades en su camino debería dar las gracias a Dios y ser valiente. Debería deletrear la palabra d-i-f-i-c-u-l-t-a-d-e-s, pero pronunciándola como oportunidades.

*2. ¿Cómo hemos de abordar nuestras dificultades?* En primer lugar, **afrontándolas directamente**. Muchas de las dificultades de la vida son más imaginarias que reales. Quedan reducidas a la insignificancia en el momento en que las observamos resueltamente. **Estúdialas tan minuciosamente** como harías con un adversario a quien quisieras vencer en la batalla. Aprende cuanto puedas, de amigos y enemigos, acerca de las dificultades con que te encuentras. Recuerda que has nacido para vencer y decide ser un vencedor. No dejes espacio a la huida, el lamento, la espera o la dependencia enfermiza e infantil de otros. Tu propia mano derecha, tu propio corazón robusto, tu voluntad indomable te darán la victoria.

Afronta tus dificultades como los atletas su duro y severo entrenamiento: dales la bienvenida; y **recuerda que cada dificultad vencida redunda en una mayor fuerza.**

Lee la historia de los grandes hombres y observa cómo superaron la pobreza, el perjuicio y la oposición; cómo triunfaron sobre la debilidad corporal («A partir de la debilidad se hicieron fuertes», a través de las dificultades); cómo vencieron las deficiencias mentales y morales, se alzaron como gigantes en la contienda y victoriosos en la batalla, y se convirtieron en hombres de los que el mundo no era digno, **porque superaron las dificultades.**

Vence tus dificultades y habrás conquistado el mundo.

## La autoafirmación como factor del éxito

Muchos hombres diestros y capaces no logran una posición satisfactoria en la vida por falta de autoafirmación. Este tipo de persona tiene una naturaleza tímida y abomina la publicidad; el pensamiento de lanzarse hacia delante le resulta repugnante, por lo que en la carrera es adelantado por personas dinámicas, despiertas, vigorosas, muchas de las cuales no poseen ni la décima parte de su capacidad o ventajas naturales.

Muchos jóvenes tienen una concepción totalmente errónea del significado de la agresividad saludable. Frecuentemente la confunden con la jactancia egoísta, la censuran como falta de modestia y la consideran el signo de un alma mezquina y vulgar. Les parece impropio tratar de causar una buena impresión respecto a su propia habilidad, y se retiran de la mirada pública en la creencia de que, si trabajan duro, aun a escondidas, acabarán prosperando a pesar de todo.

En realidad, sin embargo, en esta época tan competitiva, no sólo es indispensable mantener nuestro bagaje mental bien pertrechado de bienes superiores, sino que también es necesario publicitarlos, pues un artículo inferior, si se publicita como es debido, a menudo se venderá con rapidez, mientras que uno superior, sin publicidad, se venderá muy poco.

Nadie simpatiza con el joven descarado, engreído y jactancioso que tiene la lista de sus logros y virtudes en la punta de la lengua, y los arroja a quienquiera que esté dispuesto a escuchar. Es lo contrario del joven modesto que, aun consciente de su poder, no lo exhibe, y se limita a conducirse como si conociera sus asuntos en profundidad.

Cuando le preguntan qué es capaz de hacer, una persona modesta y asertiva no ofrece respuestas débiles o dubitativas, diciendo: «Creo que puedo hacerlo» o «Quizá podría hacerlo», creando una sensación de duda no sólo en su propia mente sino también en quien le pregunta, lo que sin duda redunda en su contra. Sabe que puede hacer ciertas cosas, y lo dice con una confianza que demuestra convicción.

Éste es el tipo de autoafirmación o autoconfianza que han de cultivar los que quieren elevarse hasta su plena valía. Es una virtud tan alejada de la presunción vulgar y superficial como lo está el tranquilo ejercicio de poder consciente de la charlatanería.

Miles de jóvenes de ambos sexos ocupan puestos inferiores hoy en día debido a su excesiva humildad, por así decirlo, o al temor a parecer que se promocionan. Muchos de ellos son conscientes de que son más capaces que los jefes o gerentes que están por encima de ellos, y por lo tanto están descontentos, inmersos en la sensación de que con ellos se ha cometido una injusticia, porque han sido relegados en favor de trabajadores más agresivos. Sin embargo, la culpa sólo recae en ellos. Han sido demasiado modestos como para darse a valer o asumir responsabilidades cuando la ocasión lo merecía, pensando que con el tiempo su verdadera habilidad sería descubierta por sus superiores, y serían consecuentemente promocionados. Pero lo cierto es que un joven despierto y confiado, que busca responsabilidad, atraerá la atención de quienes están por encima de él y será ascendido mientras que otro joven trabajador, humilde y retraído pero mucho más capaz será descartado.

Es inútil decir que el mérito debería imponerse en cualquier circunstancia; el hecho es que un joven, no importan sus habilidades, tiene pocas posibilidades de avanzar si carece de una justa apreciación de sí mismo y está desprovisto de la conciencia de poder y la buena disposición a asumir responsabilidades que llama la atención sobre su personalidad y abre las puertas al reconocimiento de su mérito.

«Es cierto que es una lástima y es una lástima que sea cierto» que la modesta valía que se retira de la mirada pública y trabaja en secreto, esperando ser descubierta y premiada por ello, espera en vano. El mundo avanza demasiado deprisa como para detenerse a buscar una capacidad envuelta en timidez. Hemos de ir nosotros hacia el mundo.

No debemos engañarnos con la idea de que el mundo vendrá a nosotros, no importa lo capaces o meritorios que seamos. Aunque la verdadera incapacidad no puede esperar prosperar, aun así, mediante la presunción y métodos agresivos, puede abrirse camino un tiempo; también es cierto que la destreza tímida, retraída, rara vez prospera. Éxito.

# ÍNDICE